W0052848

Schirner
Verlag

In allen Mysterienschulen wurde das Wissen über den Lichtkörper und seine Schulung weitergegeben. Jeder Mensch ist mit einem Lichtkörper geboren. Als wir jedoch in die feste Materie gingen, haben wir vergessen, wie wir diesen Körper pflegen und nähren sollen. Dadurch haben wir unserem Lichtkörper die Möglichkeit genommen, sich zu entwickeln und zu manifestieren.

In diesem Büchlein hat Barbara Heider-Rauter dir einige Anregungen und leichte Übungen und Rituale zusammengestellt, die dir bei der Entfaltung deines Lichtkörpers hilfreich sein können. Du findest Reinigungs- und Schutzübungen sowie Tipps für einen bewussteren Tagesablauf.

Barbara Heider-Rauter ist Pädagogin mit zusätzlicher Montessori-Ausbildung. Durch ihre angeborene Sensitivität und Medialität begann ihr spiritueller Weg bereits sehr früh. Sie ist seit ihrer Kindheit hellsichtig und hellfühlig und hat den Kontakt zu unseren lichtvollen Begleitern nie verloren. Auf ihrer spirituellen Suche begegnete ihr vor fast 20 Jahren Aura-Soma. Durch Barbara Heider-Rauter wurden die Aura-Soma-Resonant-Watersticks der Welt zugänglich gemacht. Sie arbeitet weltweit als Lehrerin für Aura-Soma und als spirituelle Wegbegleiterin. Seit sieben Jahren führt sie eine Buchhandlung in Salzburg. Es ist ihr ein großes Anliegen, ratsuchenden Menschen voller Liebe den Weg zu ihrem eigenen Potenzial zu eröffnen.

Barbara Heider-Rauter

Mein
Lichtkörper

Ein Tagesbegleiter für
deine Lichtkörperentwicklung

Schirner
Verlag

ISBN 978-3-8434-5024-9

Barbara Heider-Rauter:
Mein Lichtkörper
Ein Tagesbegleiter für die
Lichtkörperentwicklung
© 2010 Schirner Verlag, Darmstadt

Umschlag: Murat Karaçay, unter
Verwendung des Bildes Nr. 8679349,
www.fotolia.de
Redaktion: Katja Hiller, Schirner
Satz: Annika Schauf, Books' Looks
Printed by: OURDASdruckt!, Celle, Germany

www.schirner.com

2. Auflage 2012

Inhalt

Was ist der Lichtkörper?

Der Lichtkörper ist die lichte und für die meisten Menschen unsichtbare, vollkommene Hülle um unseren feststofflichen Körper. Er ist nicht gleichzusetzen mit unserer Aura, aber sie ist in ihm enthalten. Der Lichtkörper besteht aus acht Schichten oder Sphären, in denen sowohl alle unsere irdischen Themen als auch deren Lösungen mehr oder weniger feinstofflich gespeichert sind. Je weiter entfernt vom physischen Körper die Themen liegen, desto diffiziler sind sie, bis sie in der achten Sphäre, der »Ketherischen Blaupause«, bereits im erlösten Stadium sind. Sobald wir damit beginnen, unseren Lichtkörper zu entwickeln, schälen wir uns Schicht für Schicht aus den irdischen Verstrickungen und Illusionen heraus. Diese Entwicklung ist ein längerer Bewusstseinsprozess, und wie in der Schule ist es auch hier wichtig, Schritt für Schritt zu gehen.

Der Lichtkörper ist reines Bewusstsein. Und je stärker du ihn entwickelst, desto besser ist dein Zugang zu all deinen sensitiven Fähigkeiten.

Weil du mit einem voll entwickelten Lichtkörper auch Zugang zu Fähigkeiten bekommst, die das normale irdische Dasein und Verständnis weit übersteigen, ist es sehr wichtig, dass du dafür auch bereit bist.

Welchen Vorteil hat ein voll entwickelter Lichtkörper?

Durch die Entwicklung deines Lichtkörpers kannst du die irdischen Verstrickungen mehr und mehr verlassen. Deine Gefühle stabilisieren sich, du hast einen gesünderen Körper und bist zufriedener und stärker. Du ziehst erfüllende Partnerschaften an oder bekommst die Möglichkeit, deine bereits bestehende Partnerschaft in eine neue Qualität von Harmonie und gelebter Liebe zu bringen. Deine Sensitivität ist voll entfaltet und du bekommst einen tieferen Zugang zu deinen angeborenen Talenten und Fähigkeiten.

Durch den voll ausgebildeten Lichtkörper verändert sich deine Energie, auch dein gesamtes Umfeld und all die Ereignisse, die du in dein Leben einlädst, werden sich ändern. Du bist in deiner Liebe fest verankert und dadurch fähig, allen Anforderungen gelassen und in der Kraft der Liebe, des Friedens und der Harmonie zu begegnen. Bereits auf dem Weg zur Entwicklung werden all diese Fähigkeiten sichtbar. Je weiter du auf deinem Weg kommst, desto stärker zeigen sich deine Fähigkeiten.

Der Lichtkörper ist keine Erfindung der Neuen Zeit

In allen Mysterienschulen, gleichgültig zu welcher Zeit oder in welchem Erdteil sie angesiedelt waren, wurde das Wissen über den Lichtkörper und seine Schulung weitergegeben. Sogar im Neuen Testament wird erwähnt, dass wir einen unvergänglichen Körper besitzen, einen Körper aus reinem Licht, den sogenannten Lichtkörper.

Jeder von uns ist mit einem Lichtkörper geboren. Als wir jedoch in die feste Materie gingen, haben wir vergessen, wie wir diesen Körper pflegen und nähren sollen. Dadurch haben wir unserem Lichtkörper die Möglichkeit genommen, sich zu entwickeln und zu manifestieren.

Jetzt leben wir in einer Zeit, in der dieses alte Wissen von der Existenz und den Entwicklungsmöglichkeiten des lichten Körpers wieder in unser Bewusstsein kommen konnte und vermehrt für alle Menschen zugänglich gemacht wird. Sobald wir beginnen, uns mit der Entwicklung unseres Lichtkörpers zu beschäftigen, können wir in unsere ursprüngliche Vollkommenheit zurückfinden. Dazu müssen wir uns mit dem Lichtkörper befassen, ihn nähren, pflegen und stärken.

Wir müssen bewusst werden, aufwachen aus dem Einerlei des Alltags, uns öffnen für die Ganzheit, und vor allem müssen wir aktiv werden.

Wenn wir unseren Lichtkörper wieder zur vollen Entwicklung bringen, erlangen wir all unsere ursprünglich angeborenen Kräfte wieder. Wir werden wieder aktive Schöpfer unseres Lebens und leben unsere Sensitivität als eine völlig natürliche Begabung. Mit dem Erwachen unseres Lichtkörpers erkennen wir unsere göttliche Seelenkraft an.

Das Verständnis der Mysterien des Seins und des Lebens in der Dualität hier auf der Erde ist dann nicht länger eine Herausforderung.

Nur mit einem voll entwickelten Lichtkörper hast du die Möglichkeit, all das Lichtvolle und Heilbringende von dem du jetzt schon träumst für dich, deine Mitmenschen, die Tiere und die Pflanzen, Mutter Erde und alle Lebewesen zu vollbringen. Hellsehen, Hellhören, Hellfühlen, die Arbeit mit Heilenergie, Telepathie oder Telekinese, all dies kannst du mit dem entwickelten Lichtkörper wieder voll ausleben.

Durch die Vernachlässigung oder das gänzliche Vergessen deines Lichtkörper bist du aus deiner Kraft und auch aus deiner natürlichen Macht gegangen.

Dein Lichtkörper ist ewig. Deshalb ist seine Entwicklung wie eine Erinnerung, die nur in dir darauf wartet, erneut belebt zu werden.

Diese Entwicklung ist eine Erinnerung an eine Vollkommenheit, die wir auf der Erde viele Jahrhunderte lang nur in den seltensten Fällen antrafen. Welch eine gesegnete Zeit ist die, in der wir leben. All das Wissen über die Entwicklungsmöglichkeit unseres Lichtkörpers und die damit verbundene Kraft und Macht, die früher nur den Eingeweihten und den Herrschern der Welten zur Verfügung standen, werden uns nun angeboten und offenbart. Jeder von uns hat die Möglichkeit, in dieser Lebenszeit in seine volle Entfaltung zu kommen und seine ureigene Bestimmung zu erfahren.

Was kannst du für die Entwicklung deines Lichtkörpers tun?

Es gibt unterschiedliche Seminare, Bücher, Schulen und Wege zur Entwicklung des Lichtkörpers. Eines wird aber sehr häufig übersehen, gleichgültig was du lernst, übst oder trainierst. Solange du nicht ganz in deinem Körper und auf der Erde angekommen bist, wirst du immer nur bis genau zu der Barriere kommen, die deine Entwicklung begrenzt.

Die Lichtkörperentwicklung – oder sollen wir besser sagen, die Erinnerung daran, dass wir diesen Lichtkörper haben – findet jetzt, in diesem Leben, hier auf der Erde statt, denn in anderen Dimensionen hast du andere Aufgaben. Dort ist dein Lichtkörper für dich kein Thema, denn du lebst bereits im Bewusstsein des Lichts. Im Hier und Jetzt aber geht es darum, deinen irdischen und deinen lichten Körper zu vereinen und keinen der beiden zu vernachlässigen. Die Aufgabe des Lebens auf der Erde ist es, die Erkenntnis zu erlangen, dass wir uns durch die Rückerinnerung und Anbindung an unseren Lichtkörper wieder zu den vollkommenen Wesen entwickeln, die wir in anderen Dimensionen sind. Die Lichtkörperentwicklung gehört zu dem Schulungsprogramm hier auf der Erde, das wir irgendwann einmal angenommen haben. Durch das Vergessen unseres lichten Körper, in das wir mit der Geburt oder der Landung in unserem physischen Körper gegangen sind, haben wir uns überhaupt erst die Möglichkeit gegeben, unsere Vollkommenheit durch alle irdischen Schleier hindurch wiederzuerkennen. Deshalb ist es unerlässlich für dich, deinen irdischen Körper voll anzuerkennen.

Solange du deine Inkarnation nicht vollkommen angenommen hast, zu der eben auch die Dualität, die Erde und dein physischer Körper gehören, wirst du deinen Lichtkörperprozess nicht vollenden können.

 Erinnere dich daran, dass du bereits mit einem vollkommenen Lichtkörper geboren wurdest und nur durch die Umstände und die feststoffliche Orientierung auf der Erde vergessen hast, dass dieser Körper existiert. Weil du dich nicht

mehr daran erinnert hast oder es dir aberzogen
wurde, hast du aufgehört, deinen lichten Ener-
giekörper zu nähren und zu pflegen.

Die Entwicklung deines Lichtkörpers braucht Zeit, Übung
und die Integration in dein tägliches Leben. Welchen Sinn
macht deine Entwicklung, wenn du sie nicht in deinem
Alltag ein- und umsetzen kannst?
Verstehe, dass du deinen Lichtkörper jetzt für dein tägliches Leben auf diesem wundervollen Planeten wie-
derentdeckst und ausbildest, damit du lernst, all deine
wiedererlangten Talente und Fähigkeiten zum Wohle aller
Lebewesen auf der Erde und natürlich auch für dich selbst
einzusetzen.

Du entwickelst deinen Lichtkörper für dein
Leben auf der Erde und nicht nur für
ein Leben danach.

Dieses Buch soll dir eine Hilfe dabei sein, deiner Lichtkörperarbeit, d.h. den Übungen, in deinem täglichen Leben

einen Platz zuzuweisen. Alle Eigenschaften, die du durch deine tägliche Bewusstheit in dein Leben integrierst, helfen dir dabei.

Bei der Entwicklung deines Lichtkörpers geht es nicht um spektakuläre geistige Verrenkungen, sondern darum, wie du lernst, in deinem Alltag mit dieser Bewusstseinserweiterung und all den neuen Möglichkeiten umzugehen. Die Entwicklung deines Herzzentrums zur bedingungslosen, täglich gelebten Liebe sollte dein vorrangiges Ziel sein.

Es ist mir ein großes Anliegen, dass du verstehst, dass allein durch die tägliche Praxis wirklich Entwicklung stattfinden kann. Alle Anregungen in diesem Buch sind sehr einfach und unspektakulär, sie liefern dir jedoch ein großartiges Ergebnis. Sie sind seit vielen Jahren und von vielen Menschen erprobt, deshalb biete ich sie dir an.

Die Verantwortung in deiner Entwicklung ist es, mit dem Prozess zu beginnen und alles, was du lernst, jeden Tag in die Praxis umzusetzen.

Wenn es dir manchmal vielleicht zu langsam geht, denke an einen Samen, den du in die Erde legst. In diesem Samen ist bereits die gesamte Pflanze enthalten, obwohl du noch gar nichts von ihr erkennen kannst. Dann beginnst du, diesen Samen zu nähren und zu pflegen, und erfreust dich daran, zu beobachten, wie aus ihm eine starke, große und gesunde Pflanze wird.

Genauso verhält es sich mit deinem Lichtkörper. Der vollkommene, vollendet entwickelte Lichtkörper ist bereits existent, nun kommt es auf deine tägliche Pflege, Geduld, Verantwortung und Achtsamkeit an.

Dein Lichtkörpersamen

Du würdest wahrscheinlich nicht auf die Idee kommen, ein Samenkorn alle paar Tage wieder auszugraben und nachzusehen, wie weit es schon gediehen ist, oder? Wie ungeduldig gehst du aber mit dir und deiner Entwicklung um? Nur weil du nicht sofort etwas sehen kannst oder ein greifbares Ergebnis hast, heißt das noch lange nicht, dass sich nichts tut.

Deine Entwicklungsaufgabe ist es, den Keim oder den Samen deines Lichtkörpers zu nähren, ihn zu hegen und zu pflegen, um ihn so bei seiner Entwicklung zu unterstützen.

Was braucht der Samen?

Ein Samen braucht gute Erde, Licht, Wasser und Liebe. Dein Lichtkörperkeim braucht für seine Entwicklung die gleichen Ingredienzien wie der Keim einer Pflanze: gute

Erdung und tiefe Verwurzelung mit deinem Gastplaneten, Sonnenlicht und lichtvolle Gedanken, helle Energien in deinem Umfeld, erhabene und gereinigte Gefühle und die bedingungslose Liebe zu dir selbst und zu allem Lebendigen, das dich umgibt.

Du solltest dir bei der Entwicklung deines Lichtkörpers das Beste und Lichtvollste zuerst selbst zufließen lassen, damit du es dann aus dir hinaus in dein Umfeld ergießen kannst. Nur wenn du genährt bist, ist es ein Leichtes für dich, all deine Gaben weiterzugeben.

Das kostet dich nicht viel Zeit, sondern nur die Achtsamkeit und die Bereitschaft, einiges an deinen Einstellungen, deinen täglichen Gedanken und deinem Lebensablauf zu ändern. Denke an die Pflege des Samens, und erkenne, welche Freude es ist, dass du in diesem Leben die Möglichkeit geboten bekommst, deine vollkommene Lichtgestalt zu entwickeln. Sei bereit, alle Stadien vom Samen bis zur voll entfalteten Blüte und Frucht Schritt für Schritt zu gehen.

Du entwickelst dich vor allem für dich und dein Leben. Das solltest du dir wert sein.

Entwickle das Bewusstsein, dass du durch einen voll entfalteten Lichtkörper die Wunder in deinem Leben vollbringen kannst, von denen du jetzt schon träumst.

Ein starker Lichtkörper ist strahlend, leuchtend und unsterblich.

Je stärker sich dein Lichtkörper entfaltet, desto lichtvoller und reiner wird auch dein feststofflicher Körper. Und je lichtvoller dein irdischer Körper ist, desto gesünder, kraftvoller, kreativer und machtvoller bist du in deinem täglichen Leben. Dein Lichtkörper kann sich aber nur so schnell entfalten, wie dein feststofflicher Körper bereit ist, die neue Schwingungsfrequenz des Lichtes zu integrieren.

Die Entwicklung des Lichtkörpers und die bewusste Lebensweise in deinem Körper sind eng miteinander verbunden. Weil der feststoffliche Körper aber träge ist, kann es natürlich geschehen, dass du für manche Schritte längere Zeit benötigst. In solchen Situationen sind Geduld und Verständnis für dich selbst erforderlich.

Jeder deiner Entwicklungsschritte vollzieht sich in allen acht Schichten des Lichtkörpers. Aus diesem Grund ist es nicht verwunderlich, dass manche deiner Lebensthemen während der Entwicklungsphase mehrfach auftauchen.

Die Geistige Welt hilft dir und unterstützt dich bei deiner Reise, sie prüft dich aber auch. Weil du mit einem voll entwickelten Lichtkörper auch sehr viel Macht bekommst und ein sehr kreativer Schöpfer bist, ist es wichtig, dass du lernst, Verantwortung zu übernehmen und lichtvoll mit deinen Gaben umzugehen. Auch das ist einer der Gründe, warum manche Schritte länger dauern, als du es gerne hättest. Erinnere dich dann daran, dass nur die Schattenseite mit Sensationen arbeitet, das Licht hingegen hat diese Effekte nicht nötig.

Du bist ein Lichtarbeiter. Erinnere dich daran, wenn du wieder einmal ungeduldig mit dir selbst wirst. Sei dir bewusst, dass dich diese Reise, sobald du sie begonnen hast, immer vorwärts bringen wird, solange du auf dem richtigen Weg bleibst.

Lerne, bescheiden und dankbar zu sein für all deine Talente, Fähigkeiten und Möglichkeiten, die während deiner Entwicklung sichtbarer und besser einsetzbar werden. Versuche nicht, so vorschnell wie Goethes Zauberlehrling deine noch nicht voll integrierten Talente einzusetzen.

Ich sage damit nicht, dass du dein Licht unter den Scheffel stellen sollst. Ich erinnere dich nur daran, dass Hochmut und Stolz schon so manchen Lichtarbeiter zu Fall gebracht haben. Sei dir deiner Größe und deines Lichtes bewusst, setze sie zum Wohle aller ein, aber vermeide, dich über andere zu erheben, denn wir alle haben einen Lichtkörpersamen in unsere Inkarnation mitgebracht. Vielleicht ist es ja deine Aufgabe, ein Wegweiser für die Menschen in deinem Umfeld zu sein, und dafür ist es wichtig, dass du deiner selbst und deiner Aufgabe bewusst bist.

Je mehr spirituelles Selbstbewusstsein du entwickelst, desto dankbarer und bescheidener wirst du, denn es besteht für dich kein Grund mehr, besser als andere Menschen sein zu wollen.

In all den Ausbildungen, die du vielleicht schon absolviert hast, steckt immer dieselbe Wahrheit: Du bist einzigartig, so, wie jeder Mensch, der dir begegnet. Je bewusster du wirst, desto verwurzelter bist du in deiner Kraft und auch stärker bereit, die bedingungslose Liebe zu leben, die die Hauptenergie der Lichtkörperentwicklung ist. Diese Liebe kennt keine Bewertungen, keine Beurteilungen, keinen Neid und keinen Hass oder andere niedere Energien. Deinen Lichtkörper voll entfalten heißt, zu lernen, bedingungslos zu lieben, und diese Liebe täglich, stündlich, ja mit jedem Atemzug in jedem Augenblick deines Seins bewusst zu zelebrieren.

Der Tagesbeginn

Wenn du aufwachst, ist es sehr hilfreich, als Erstes zu lächeln und dich bei deinen Engeln oder dem Schöpfer für den Schutz in der Nacht zu bedanken. Es ist wichtig, wie und mit welchen Gedanken du deinen Tag beginnst. Dankbar sein und Lächeln sind ein sehr guter Start.

Bitte anschließend sogleich um einen guten Tag, indem du positive Wörter für den bevorstehenden Tag wählst. Du kannst z.B. sagen: »Ich danke für all die Gaben, die ich bereits erhalten habe, und bitte darum, den heutigen Tag in der Energie von Liebe, Frieden, Kreativität und Harmonie gestalten zu können. Gebt mir die Kraft, auf meinem positiven Weg der Lichtkörperentwicklung mutig voranzuschreiten. Möge mein Tag in der Energie der Liebe und zum Wohle aller stattfinden.« An dieser Stelle kannst du selbstverständlich deine eigenen Wünsche, Gedanken und Bitten formulieren. Dieser Satz soll nur zur Anregung dienen.

Während der Nacht erfährst du oft Schulungen in anderen Dimensionen. Indem du bewusst beginnst, dich an deine Träume zu erinnern, wirst du bemerken, dass du viele nützliche Informationen und Richtlinien für deine Entwicklung erhältst. Die Erinnerung ist meist nur kurz nach dem Aufwachen präsent. Aus diesem Grund ist es wichtig, dass du dich gleich erinnerst, bevor die Ereignisse der Nacht in deinem Unterbewusstsein verschwinden und verblassen.

Ein positiver Ausblick

Es ist gut, wenn du in deinem Schlafzimmer ein positives Bild aufhängst, auf das dein Blick beim Aufwachen fällt. Dies kann ein Motiv oder eine Farbkombination sein, die dir dabei hilft, dich an dein eigenes Licht, deine Freude, dein positives, erfülltes Leben und die Entwicklung deines Lichtkörpers zu erinnern.

Das Bild eines Leuchtturms ist dafür perfekt geeignet. Jeder Lichtarbeiter hat die Funktion eines Leuchtturms.

Wenn du dich selbst als Lichtarbeiter siehst, erinnert dich das Bild des Leuchtturms jeden Morgen beim Erwachen daran, dass du auf der Erde bist, um anderen den Weg durch die Stürme des Lebens zu weisen. Erinnere dich daran, dass Leuchttürme immer dort stehen, wo das Meer turbulent und aufgewühlt ist, wo es Stürme und hohe Wellen gibt. Auch für dich ist es ganz normal, dass es in deinem Umfeld »brodelt« und »stürmt«.

Sei bereits beim Aufwachen offen für die Energie der Dankbarkeit. Sei dankbar dafür, dass du die Funktion eines Leuchtturms übernehmen darfst. Wenn du in diesem Bewusstsein bist, ist es egal, wo du arbeitest, denn du verstehst, dass du dort wichtig bist und dass du und dein Licht genau dort gebraucht werden.

Wenn dich also diese Symbol anspricht, kaufe dir ein schönes Bild eines Leuchtturms, fotografiere selbst ein Exemplar, oder male deinen persönlichen Turm, und hänge das Bild in deinem Schlafzimmer auf.

Weil du bereits in den ersten Minuten des neuen Tages positiv an deine Lichtarbeit denkst, sendest du die höchstmögliche Lichtenergie auf deinen Weg durch den Tag voraus.

Stelle nun die Beine nacheinander aus dem Bett auf den Boden. Werde dir der Erde unter deinen Fußsohlen bewusst, unterstütze dies mit dem Satz: »Ich beginne den Tag in der Energie von Licht und Liebe und jeder Schritt, den ich auf der Erde gehe, ist getragen von Licht und Liebe.«

Nach dem Aufstehen ist es wichtig, die Hände und das Gesicht zu waschen. So wäschst du die Energien der Nacht aus deinem Energiefeld und kannst deinen Tag mit frischer Energie beginnen.

Du kannst auch auf nüchternen Magen und in kleinen Schlucken eine Tasse heißes Wasser trinken. Es hilft dir dabei, deinen Körper zu reinigen und Schlacken abzutransportieren, und ist eine Unterstützung für deinen feststofflichen Körper, damit du gesund und ausbalanciert bleibst.

Bevor du dein Zuhause verlässt, stelle dir vor, wie blaues Licht auf all deinen Wegen, die du heute beschreiten willst, vorausfließt. Mit diesem blauen Lichtstrahl sendest du die Energie von Frieden aus, sodass dich der Frieden erwartet, wo auch immer du hingehst.

Der Schutz deines Energiefeldes

Diese Übung kannst du so oft machen, wie du es als wichtig empfindest. Ich empfehle dir, sie auf jeden Fall morgens und abends zu machen. Nimm dir einige Minuten Zeit, und achte darauf, dass du nicht gestört wirst. Atme dreimal ruhig ein und aus. Sei dir deiner Präsenz in diesem Moment ganz bewusst. Indem du deine Gedanken beruhigst und sie auf den Atem lenkst, hast du die beste Möglichkeit, ganz im Hier und Jetzt zu sein.

Strecke nun deine Arme nach vorn, zur Seite, nach hinten und dann nach oben, während du laut sagst: »So weit, wie meine Arme reichen, nach vorn, nach hinten, zur Seite, über mir und unter mir in die Erde hinein, entsteht ein Raum aus weißem Licht um mich herum.«

Stelle dir vor, wie du innerhalb dieser lichten Sphäre stehst – wie ein Ei umgibt dich dieses weiße, schützende Licht. Sprich weiter: »An der Peripherie dieses weißen Lichtes befindet sich ein dreifaches goldenes Gitternetz, das alle Energien abhält, die nicht förderlich für mich und meine Entwicklung sind, gleichgültig, woher sie kommen oder wer sie gesendet hat. Alle Energien, die mich fördern und die mir dienlich sind, kommen durch dieses Netz und die Hülle aus weißem Licht zu mir herein und unterstützen mich auf meinem Weg. Gleichzeitig bitte ich dich, weißes Licht, erinnere mich daran, dass auch ich achtsam mit meinen Gedanken und den Energien, die ich aussende, umgehe, damit sie zum Wohle aller Lebewesen, die an meinem Lebensspiel beteiligt sind, eingesetzt werden und ich mich zu dem Lichtwesen entwickle, das ich auf der Blaupause meines Lebensplans bereits bin. Ich danke für den Schutz, der mich nun umgibt.«

Mit diesem kurzen Ritual bist du für den ganzen Tag geschützt. Solltest du aber besonders negativen Energien ausgesetzt sein und das Bedürfnis haben, dieses Ritual wiederholen zu wollen, mache es so oft, wie es sich für dich wichtig und hilfreich anfühlt.

Das gleiche Ritual wiederholst du abends, denn auch während des Schlafs bist du den unterschiedlichsten Prüfungen und Energien ausgesetzt. Die Schutzsphäre um deinen Körper ist auch dann sehr hilfreich.

Diese Übung kann dir ein sehr nützlicher Begleiter auf deiner Lichtkörperreise sein. Es ist aber deine Entscheidung, ob du dich mit der Schutzhülle wohlfühlst. Die Formel ist einfach, deshalb kannst du deinen weißen Schutzmantel immer und überall sehr schnell aufbauen.

Erinnere dich daran, wenn du z.B. von vielen unterschiedlichen oder unangenehmen Energien umgeben oder an sehr stark frequentierten Plätzen, wie Einkaufscentern, Flughäfen, Bahnhöfen oder Geschäften, bist oder wenn du eine unbestimmte Gefahr verspürst.

Das weiße Licht und das goldene Gitternetz wirken dann wie eine energetische Tarnkappe, und du wirst für jegliche Angriffe unsichtbar.

Wenn du dich bereits in der Öffentlichkeit befindest und du keinen geschützten Raum aufsuchen kannst, reicht es, wenn du dir das Ritual für einen kurzen Moment vor deinem geistigen Auge vorstellst.

Du bist, ausgestattet mit dieser Lichtsphäre, sehr viel weniger angreifbar und hast auch einen sehr guten Schutz gegen Energievampire. Denn je weniger Energie du verlierst, desto mehr Kraft und Energie hast du für dich und deine Entwicklung zur Verfügung.

 Diese Übung ist sehr einfach,
dabei jedoch außerordentlich effektiv.

Zusatz

Wenn dir das weiße Licht einmal nicht so angenehm ist, kannst du auch blaues Licht verwenden, denn auch die blaue Sphäre hat einen schützenden Charakter. Anstelle des goldenen Netzes steht dir auch die Violetten Flamme zur Verfügung.

Die Entwicklung deines Lichtkörpers gelingt leichter, wenn du in deiner Kraft bist und anderen nicht als energetische »Tankstelle« dienst oder vielleicht energetischen Attacken ausgesetzt bist.

Eine sehr gute Schutzfunktion haben auch das Pentagramm und die »Blume des Lebens«. Du kannst mit deiner aktiven Hand das Pentagramm vor dich in der Luft in dein Energiefeld zeichnen und dir vorstellen, wie du dich in diesem Pentagramm befindest. Beginne über deinem Kopf, und zeichne es zu den Füßen, zu einem Arm, dann zum anderen Arm, zu den Füßen und wieder zum Kopf. Der fünfzackige Stern sollte ohne Abzusetzen gezeichnet werden. Bei der »Blume des Lebens« stellst du dir vor, wie sie dein gesamtes Energiefeld einhüllt.

Das Pentagramm ist ein sehr starkes Symbol gegen energetische Angriffe. Du kannst es auch sehr gut zum Schutz deines Hauses und all deiner Besitztümer einsetzen. Zeichne es dafür über die Gegenstände, die du schützen willst. Beim Haus wirkt es auch sehr gut an der Haustür und an den Fenstern. So lässt du keine Energien herein, die dir schaden könnten.

In den nächsten Jahren der beschleunigten Entwicklung auf der Erde wird das Spiel der Schatten immer diffiziler werden.
Es ist gut, wenn du mit einem guten Schutz darauf vorbereitet bist.

Reinigung von Fremdenergie

Es gibt Tage, an denen du dich vielleicht so sicher und stark fühlst, dass du deine Schutzsphäre vergisst. Oder du besuchst eine spirituelle Ausbildung oder eine Gruppe von Menschen, die dir das Gefühl von Sicherheit geben, sodass du keine Notwendigkeit für ein starkes Schutzfeld siehst.

Am Ende des Tages oder bereits viel früher fühlst du dich jedoch müde, ausgelaugt und erschöpft. Oder du wirst sogar entgegen deiner Veranlagung aggressiv, depressiv, weinerlich oder hast körperliche Symptome, wie z.B. Kopfschmerzen, Übelkeit oder eine starke Müdigkeit. In den meisten Fällen kannst du dann davon ausgehen, dass sich fremde Energien in deinem Energiefeld angesiedelt haben.

Zur Reinigung solltest du ein Vollbad mit Salz und weißem Licht nehmen. Alternativ kannst du auch duschen, aber ein Salzbad ist immer vorzuziehen. Reichere das Badewasser mit weißem Licht an, indem du dir vorstellen, wie es durch dein Kronenzentrum zu dir herein- und zu deinen Händen hinausfließt und in das Wasser hineinströmt. Es gibt auch verschiedene Essenzen, die du in das Wasser geben kannst. Tauche im Wasser unter, und wasche auf jeden Fall deine Haare, denn die Haare nehmen sehr viele Energien auf und speichern sie.

Während du im warmen Wasser liegst, spüre, an welchen Stellen deines Körpers du Verbindungen, sogenannte Cords, zu anderen Menschen wahrnimmst. Meistens kannst du das sehr gut im Bereich deiner Chakren feststellen, denn sie sind die ersten Verbindungsstellen, an denen fremde Energien zu dir hereinkommen oder sich in deinem Energiefeld festsetzen.

Diese Verbindungen kannst du einfach lösen, indem du sie gedanklich aus dir herausziehst und um Auflösung bittest. Stelle dir dazu eine Schnur vor, die du aus deinem Körper und deinem Energiefeld herausziehst. Durchschneide entweder selbst diese Schnüre, oder bitte Erzengel Michael darum, es für dich zu tun. Fülle die Stellen in deinem Körper, an denen du die Verbindungen gelöst hast und wo nun Leerräume entstanden sind, mit Licht auf. Stelle dir vor, wie diese Stellen wie mit einem himmlischen Balsam versiegelt werden.

Gewöhne dir an, dies in einem Abstand von einigen Tagen immer wieder durchzuführen. Betrachte es als »energetisches Entrümpeln«.

Du wirst merken, wie du alle Energievampire viel früher erkennst und die Erlösung von Energien immer schneller geht.

Baue nach dem Bad wieder deine Schutzsphäre mit dem goldenen Netz auf. Wenn du dich in der Öffentlichkeit befindest und dich von anhaftenden Energien befreien willst, stelle dir vor, wie du unter einer Dusche oder einem Wasserfall aus weißem reinigenden Licht stehst. Das weiße Licht spült alles weg, was nicht zu deinem Energiefeld gehört. Fühle, wie du erfrischt und gereinigt wirst. Abschließend kannst du mit deiner Hand noch einmal durch dein Energiefeld fahren. Beginne einige Zentimeter von deinem physischen Körper entfernt über deinem Kopf, und fahre mit der Handfläche bis hinunter zu deinen Zehen, so, als würdest du etwas abschneiden. Stelle dir dabei vor, wie alle Energien, die nicht zu dir gehören, abgetrennt werden und wie du wieder frei von allen Verhaftungen wirst und in deiner Kraft bist. Du kannst auch hier die Geistige Welt, deine persönlichen Engel, Erzengel Michael oder den Aufgestiegenen Meister Serapis Bey um Unterstützung bitten. Nach dieser Reinigung solltest du wieder dein Schutzfeld aufbauen.

Zusatz

Diese Übung ist auch sehr wirksam gegen alte Anhaftungen, z.B. Verbindungen mit früheren Partnern. Wenn du in der Badewanne liegst, bitte deine geistigen Führer darum, dir alle Partner, mit denen du jemals körperlich oder auch seelisch verbunden warst, zu zeigen, einen nach dem anderen. Löse dann die Verbindungsschnüre aus deinen Chakren, besonders aus deinem Sakralchakra. Bedanke dich bei deinen Wegbegleitern für alles, was ihr miteinander geteilt habt, und entlasse sie in der Energie des Friedens und der Liebe.

Dir werden Menschen einfallen, an die du schon sehr lange nicht mehr gedacht hast. Nach diesem Ritual stellt sich meistens ein Gefühl von Freiheit, Frische und Erleichterung ein.

Licht und Körper

Dein feststofflicher Körper ist dein Gefährt. Ohne ihn hast du keine Möglichkeit, deinen Seelenauftrag auszuführen. Deshalb ist es sehr wichtig, dass du deinen Körper gut behandelt und ihm den richtigen Stellenwert in deiner Entwicklung zugestehst.

Sehr oft ist die Verneinung des Körpers eine der Hauptursachen dafür, warum die Lichtkörperentfaltung nicht voranschreiten will oder immer wieder stagniert. Erinnere dich daran, dass du das Leben auf der Erde angenommen hast und dass diese Inkarnation einen feststofflichen Körper beinhaltet.

Was auch immer dein persönlicher Auftrag ist, ob du nun als Heiler, als Friedensbeauftragter oder als spiritueller Lehrer hier auf der Erde gelandet bist, ohne einen gesunden und starken Körper kannst du nur wenig ausrichten. Deshalb hat dein physischer Körper, solange du inkarniert bist, sehr viel mit der Entwicklungsmöglichkeit deines Lichtkörpers zu tun.

Verstehe, dass die Rückverbindung mit deinem Licht-körper und all deinen Fähigkeiten hier auf der Erde nur dann gelingt, wenn du deinen Körper liebst und gerne in ihm bist. Es gehört zu dem Spiel der Illusionen. Wenn du lernen willst, hinter die Schleier zu sehen, braucht es zuerst die starke Verbindung mit deinem Körper und mit der Erde.

Je freudvoller du auf der Erde bist, dich mit ihr verbindest und deinen feststofflichen Körper annimmst, desto schneller und leichter wirst du deinen Lichtkörper entwickeln können. In anderen Dimensionen ist dies anders als auf der Erde. Dieses Verständnis ist hilfreich, um über die Bewertungen und über die Energie des Beklagens hinweg-zukommen.

Übung: Spüre deinen Körper

Wie lange ist es her, dass du jeden Zentimeter deines Körpers bewusst wahrgenommen hast? Führe deine Händen von den Füßen aufwärts über deinen Körper, lasse dir dabei Zeit, und bestaune die Vollkommenheit deines Körpers, aller Gliedmaßen, deiner Knochen und Sehnen, deiner Haut, deiner Haare, deiner Gelenke. Spüre, wie fantastisch es ist, dieses Wunderwerk zu haben. Berühre jeden Millimeter deines Körpers, und freue dich darüber, dass du mit diesem Körper gesegnet bist.

Die heilende Energie
der Dankbarkeit

Nimm dir einige Minuten Zeit, nur für dich, und danke deinem Körper. Hast du schon einmal deinen Füßen dafür gedankt, dass sie dich den ganzen Tag herumtragen? Oder deinen Organen, die einfach ihre Arbeit tun, ohne dass du etwas dafür tun musst? Danke auch deinen Augen, deiner Nase, deinen Zähne, deiner Haut. Bedanke dich bei allen Körperteilen, die dir einfallen, für das, was sie tun.

Ja, vielleicht bedankst du dich an dieser Stelle zum ersten Mal bei jeder einzelnen Zelle deines Körpers. Jede Zelle ist ein eigenständiges Lebewesen, in dem bereits alles gespeichert ist, was du bist. Deine Zellen erneuern sich und tun ihren Dienst auch ohne deine Anweisung. Sie arbeiten ohne Unterlass daran, dass es dir gut geht und du gesund und stark bist.

Dankbarkeit ist eine der wichtigsten Energien im Lichtkörperprozess. Je mehr Dankbarkeit du in deinem Herzen empfindest und je öfter du in der Energie der Dankbarkeit lebst, desto leichter und schneller wird deine Entwicklung voranschreiten. Wo die Energie der Dankbarkeit vorherrscht, haben niedere Energien keinen Raum.

Lebe die Dankbarkeit für dich und alles, was du bist, alles, was du bereits erleben durftest, und alles, was in deinem Leben an schönen und erhebenden Momenten war und noch sein wird.

Dankbarkeit kannst du immer und überall ausdrücken. Ein einfacher Satz oder Gedanke, ja manchmal sogar ein Wort, reichen aus.

Gleichgültig, ob du im Auto fährst, spazieren gehst oder einkaufst, nimmt dir einen kurzen Augenblick, in dem du innehältst und dankst. Mit deinem Fokus, ausgerichtet auf die Dankbarkeit, wird dein Leben positiver, und deine Entwicklung wird sich beschleunigen.

Beginne sofort damit, dankbar zu sein.
Es ist so einfach.

Bei wem möchtest du dich bedanken? Wofür möchtest du dich bedanken? Je geübter du darin wirst, die Dankbarkeit in deinem Herzen zu empfinden und sie aus dir hinausströmen zu lassen, desto leichter wird es dir fallen, dich auch für Situationen und Personen, die du im ersten Moment als unangenehm erlebst, zu bedanken. Jede Begegnung ist ein Puzzleteil in deinem ganz persönlichen Lebensbild und jedes Teil hat seine Berechtigung, seinen Platz und seine Wichtigkeit.

Bedanke dich dafür, dass es eine übergeordnete Intelligenz gibt, die dir dabei behilflich ist, in deine Vollkommenheit zu finden.

Dankbarkeit für dein gesamtes Leben, für jeden Augenblick, jede Begegnung ist eine der einfachsten, aber auch eine der schwierigsten Übungen auf deinem Entwicklungsweg, denn dein Ego versucht, dir einzureden, dass nur du wichtig bist. Dein Ego ermuntert dich zu stolzen und überheblichen Gefühlen und Gedanken. Aber die Energie der Dankbarkeit hilft dir dabei, dein Ego zu erziehen, ihm den Platz zuzuweisen, der ihm zusteht, damit es nicht Regie in deinem Leben führt.

Gleichgültig, was du schon alles in deinem Leben gemacht hast oder was du besitzt, bis du nicht die Kraft der Dankbarkeit durch dich hindurchfließen lassen kannst und sie ein ganz natürlicher Bestandteil deines täglichen Lebens wird, wirst du immer wieder an unüberwindbare Barrieren in deiner Entwicklung stoßen.

Die Energie der Dankbarkeit zu kultivieren ist unspektakulär und vielleicht ist es auch manchmal nicht leicht für dich, die Geduld aufzubringen, aber vertraue darauf, dass die Übung, dankbar zu sein, in deinem täglichen Leben mehr bewirkt als viele teure Seminare und Anleitungen.

Du bist die einzige Person in deinem Leben, die eine Veränderung bewirken kann, und dazu gehören auch aktive Übungen und die Bewusstheit zu jeder Tageszeit und in jeder Situation.

Die Energie der Dankbarkeit ist neben der Energie der bedingungslosen Liebe und der Achtsamkeit eine Grundvoraussetzung für einen voll entwickelten Lichtkörper.

Nahrung für deine Körper

Weil dein Körper dein Gefährt ist, ist es wichtig, ihn mit den besten und frischesten Lebensmitteln zu stärken. Dabei spielt es keine Rolle, ob du nur Rohkost isst, vegane Nahrung bevorzugst oder auch ab und zu tierische Produkte zu dir nimmst. Achte aber auf die Qualität deiner Lebensmittel, denn wie der Name schon sagt, sind es Mittel für dein Leben, Mittel, die dich bei deinem Leben unterstützen. Du bist wahrscheinlich auch nicht bereit, deinem Auto das mieseste Öl oder den schlechtesten Service zu geben, oder? So solltest du auch beim Einkauf des »Treibstoffs« für deinen Körper auf Qualität und Frische achten.

Je bewusster du darauf achtest, dass die Nahrung, die du zu dir nimmst, auch frisch und aus biologischem Anbau und artgerechter Haltung ist, desto gesünder ist die Nahrung für dich und deinen Körper. Und je gesünder und kraftvoller dein Körper ist, desto leichter kann er die Schwingungserhöhung bewältigen.

Auch die Zubereitung deiner Speisen sollte in der Energie der Liebe und der Dankbarkeit geschehen, denn das, was du denkst und empfindest, wird sich in der Energiestruktur deiner Nahrung wiederfinden. Sei also ganz im Hier und Jetzt anwesend und vollkommen bewusst, während du dein Essen zubereitest.

Bevor du die Speisen zu dir nimmst, bedanke dich dafür, dass es diese wundervollen Nahrungsmittel für dich gibt. Danke allen Wesen, die an der Produktion deiner Nahrung beteiligt waren. Das beinhaltet manchmal eine lange Aufzählung, die du aber nicht jedes Mal machen musst. Ich habe es mir jedoch zur Gewohnheit werden lassen, jedem einzelnen Beteiligten, den ich kenne, zu danken.

Beispiel: Was du vor dem Essen sagen oder denken kannst

»Ich danke für dieses wundervolle Brot. Danke an alle Beteiligten, die Erde, den Wind, den Regen, die Sonne, die Gestirne, alle Wesen, die für das Wachstum zuständig sind, und alle Menschen, die dabei mitgeholfen haben, dass dieses Brot heute hier für mich zum Verzehr bereitsteht. Ich bitte den Engel der Erde, den Engel des Wassers, den Engel der Luft und den Engel des Feuers mir mit dem Verzehr dieser Nahrung ihre allerhöchsten und lichtesten Eigenschaften zur Verfügung zu stellen. Möge jede meiner Milliarden Zellen durch die Aufnahme dieser Nahrung volle Unterstützung erfahren, damit ich kraftvoll, gesund, lichterfüllt und in der Energie der bedingungslosen Liebe meinen irdischen Aufgaben nachkommen kann. Danke, danke, danke.«

Finde deine eigenen Worte der Dankbarkeit. Du wirst innerhalb kürzester Zeit bemerken, wie du dein Essen besser verträgst, wie sich deine Gesundheit stabilisiert, wie dir mehr Energie nach dem Essen zur Verfügung steht, wie du mit weniger Essen satt bist, wie dein Körper und dein Geschmacksempfinden sich verändern. Probiere es selbst aus, und staune.

Vielleicht möchtest du dieses kleine Ritual auch an deine Kinder weitergeben. Kinder lieben Gebete und Rituale und sind meistens noch viel empfänglicher dafür. Bitte sie darum, ihre Gedanken dazu zu sagen. Vielleicht bekommst du durch sie ganz neue Einsichten in die Energie der Dankbarkeit, denn Kinder sind noch spontaner und intuitiver.

Wenn du dir diese Form der Segnung und der Dankbarkeit angewöhnt hast, achte darauf, dass du das, was du sagst, auch empfindest. Die Wirkung ist sonst um ein Vielfaches schwächer.

Kraft durch Ruhe oder positive Gespräche beim Essen

Während des Essens solltest du darauf achten, dass du entweder nicht sprichst oder über positive, erhöhende und lichtvolle Begebenheiten sprichst oder auch nur an sie denkst. Du isst die Energie deiner Gedanken und deiner Worte mit, und sie werden deinem Körper in einer sehr feinen energetischen Form mit der Nahrungsaufnahme zugeführt.

Auch beim Essen sind Bewusstheit und Achtsamkeit die wichtigsten Grundhaltungen.

Ich praktiziere dies seit vielen Jahrzehnten. Es ist immer und überall möglich, Einfluss auf die Gespräche bei Tisch zu nehmen oder sich eben nicht mit hineinziehen zu lassen, wenn der Gesprächsstoff negativ wird. Es ist deine Entscheidung, was du denkst und sagst, während du isst. Du wirst bemerken, wie du nach dem Essen kraftvoll und gestärkt bist und neue Energie bekommst, anstatt von Trägheit und Müdigkeit überwältigt zu werden, die so oft die Folge von Essen in schlechter Qualität und Energie sind.

Während der Nahrungsaufnahme werden die lichtvollen Energien, die sich in deiner Nahrung befinden, von deinen feinstofflichen Körpern aufgenommen. Somit wird auch die Entwicklung deines Lichtkörpers durch die Nahrungsaufnahme maßgeblich beeinflusst.

Die Macht deiner Gedanken

Du denkst ununterbrochen, und ständig werden die unterschiedlichsten Gedanken in deinem Kopf erzeugt. Alles, was du denkst, gleichgültig, ob unbewusst oder bewusst, erzeugt lebendige Energien. Stelle es dir so vor, als würdest du ständig kleinste Lebewesen gebären, die dich und dein Umfeld umgeben.

Du hast doch sicherlich auch lieber schöne und liebevolle Wesen um dich herum als schwermütige, zornige oder traurige. Beginne also jetzt damit, deine Gedanken zu beobachten und bewusst wahrzunehmen, was du denkst.

Es ist eine große Kunst, bewusst positive Gedanken zu haben. Gerade wenn du damit beginnst, wirst du sehr oft bemerken, wie deine Gedanken sich verselbständigen. Immer wenn das geschieht, halte inne, und atme dreimal tief durch. Lächle, und richte deine Gedanken neu aus.

Weil deine Gedanken auch das beeinflussen, was du sprichst, kannst du gar nicht genug Achtsamkeit auf die positive Ausrichtung deiner Gedanken legen. Jede Tat beginnt mit dem Gedanken, gleichgültig, ob es eine gute oder eine schlechte Tat ist.

Weil deine Gedankenkraft sehr viel bewirken kann und du mit der vollen Ausbildung deines Lichtkörpers über sehr viel Macht verfügst, ist es nur natürlich, seine Gedanken zu erziehen und bewusst zu beherrschen.

Wir leben in einer Zeit, in der alles sehr schnell gehen soll, aber manche Dinge brauchen Disziplin und Ausdauer. Und die Ausrichtung deiner Gedanken auf das Positive ist eine der Eigenschaften, deren Ausbildung etwas mehr Zeit in Anspruch nimmt. Ja, es ist sogar eine Übung, die niemals endet, schon gar nicht, wenn du ein Meister darin werden willst.

Weil wir durch unsere Erziehung eher auf negatives Denken und auf Beurteilungen geschult wurden, ist es nur natürlich, dass es viel Aufmerksamkeit braucht, diese Konditionierung hinter sich zu lassen.

Übung

Erstelle dir einen Zeitplan. Dreimal am Tag sollte dich zu festgelegten Zeiten ein Alarm an eine kurze Gedankenüberprüfung erinnern. Stelle dir einen Wecker oder aktiviere den Alarm deines Handys. Wenn der Alarm läutet, halte kurz inne, und überprüfe, was du bisher gedacht hast. Beurteile dich nicht, wenn es dir nicht von Anfang an gelingt, deine Gedanken positiv auszurichten; das wäre kontraproduktiv.

Beachte auch, dass es bei dieser Übung nicht darum geht, negative Geschehnisse in deinem Leben positiv zu färben, sondern darum, langsam und beständig in eine positive Gedankenausrichtung und Sichtweise aller Geschehnisse des Lebens zu kommen. Aufgrund des Resonanzgesetzes ziehst du dann vermehrt positive Ereignisse in dein Energiefeld und in dein Alltagsgeschehen.

Jemand tut z.B. etwas, das dich kränkt. Dann geht es darum, dass du diese Kränkung aus deinem System entlässt. Du kannst es aussprechen, ein Bild malen, ein Lied dichten, es an die Engel abgeben oder Sport treiben. Was auch immer dein persönlicher Wunsch dazu ist, wie du mit negativen Energien in Zukunft umgehen willst, beginne nur damit, sie aus deinem Feld zu entlassen. Verlasse das Spiel der Schatten, indem du negative Gedanken loslässt. Halte dich von der Energie der Be- und Verurteilung fern, denn durch sie erschaffst du nicht nur Schattenenergie um dich herum, sondern du schädigst auch deine Aura.

Durchbrich deine alten Verhaltensmuster, und gehe in deine Kraft, indem du zuerst einmal einige Male ruhig und tief atmest. Denn damit erzeugst du ein reines und klares Energiepotenzial in dir und um dich herum.

 Es ist nicht leicht, wenn du dich ungerecht behandelt fühlst, nicht sofort in Reaktion zu gehen. Verstehe aber, dass solche emotionalen Reaktionen der einfachste und leichteste Weg sind, dir deine Energie zu rauben.

Jedes Mal, wenn du dich aufregst und in Resonanz mit starken negativen Energien und Emotionen gehst, stiehlt der Verursacher deine Energie. Ist dir schon einmal aufgefallen, wie müde und ausgelaugt du dich nach einem Wutanfall fühlst? Hast du schon einmal beobachtet, wie gestärkt dein Widersacher nach deinem Ausbruch ist?

Es ist gleichgültig, ob dich dein Partner oder der Busfahrer, dein Kind oder dein Chef ärgert, sobald du in Resonanz gehst, verlierst du deine Balance und damit deine Kraft. Beobachte deine Gedanken, und stelle sie auf positiv um. Dann werden die Wörter, die du verwendest, ebenfalls aktiv und nicht reaktiv sein.

Versuche, sachlich und klar auf die Situationen zu schauen. Agiere, aber reagiere nicht.

Die Kontrolle deiner Gedanken ist ein Hauptaspekt bei der Entwicklung deines Lichtkörpers. Solange du nicht über deine Gedanken herrschst, werden sie dich beherrschen. Es ist eine wundervolle Möglichkeit für dich, durch deine bewussten Gedanken deine eigenen wunderschönen und positiven Energiewesen zu erzeugen, die dich wie Engel umgeben.

Du bist immer frei, deine Gedanken zu kontrollieren und das zu denken, was sich für dich gut anfühlt. Erinnere dich daran, dass deine Gedanken zu deiner Wirklichkeit werden und dass jeder Schöpfungsprozess mit dem ersten Funken eines Gedankens beginnt. Es ist also sehr wichtig, wenn du in deiner Lichtkörperarbeit vorankommen möchtest, dass du einen großen Teil deiner Aufmerksamkeit und deiner Energie auf die Erziehung deiner Gedanken richtest.

 Jeder Gedanke erzeugt ein Wesen. Sei also achtsam, was du denkst.

Gerade wenn du automatisierte Handlungen ausführst, wie z.B. Autofahren oder Bügeln, geschieht es ganz leicht, dass deine Gedanken abschweifen und sich in Beurteilungen, Sorgen oder Negativität verstricken.

Überprüfe bei der nächsten Autofahrt einmal, wie du normalerweise über andere Verkehrsteilnehmer denkst, die sich deiner Meinung nach ungeschickt verhalten.

Verändere dein Verhalten, indem du diesen Menschen einfach einmal zulächelst und ihnen einen guten, positiven Gedanken sendest.

Achte darauf, was in dir, mit deiner Energie und auch mit den anderen Verkehrsteilnehmern geschieht. Sei einfach nur ein stiller Beobachter. Du wirst verwundert sein, wie schnell sich die angespannte Energie in dir auflöst und wie du die Situation plötzlich neu und befreiter siehst.

Beginne, während der Autofahrten positive Wörter zu sammeln. Das geht ganz einfach: Bilde aus den Buchstaben der Nummernschilder der vor dir fahrenden Autos so viele, ausschließlich positive Wörter, wie dir einfallen, z.B. bildest du aus dem Buchstaben »S« Wörter wie Sonne, Seele, Süße ...

Diese Übung hat zwei Vorteile: Erstens beschäftigst du dich mit positiven Wörter. Zweitens nimmst du diese Wörter in deinen Wortschatz auf, und er stellt sich wieder vermehrt auf positive Wörter um.

Achtsamkeit und die Liebe zu den alltäglichen Dingen

Die Achtsamkeit ist eine der unerlässlichen Energiequalitäten, wenn du deinen Lichtkörper voll entwickeln möchtest. Überprüfe, wie es um deine Achtsamkeit bestellt ist. Wie gehst du mit dir, mit deinen Mitmenschen, mit Pflanzen oder mit Tieren um? Welche Energie wird von dir auf die Gegenstände, die du berührst, übertragen? Wie sieht es mit deiner Achtsamkeit aus, wenn du alltägliche Handlungen ausführst?

Achtsam sein hat viel mit »Bewusst-Sein« zu tun. Je bewusster du wirst, desto achtsamer solltest du sein. Achtsamkeit drückt sich bereits in deinem Gang, in deinem Händedruck oder in deinem Blick aus. Gleichgültig, ob es um deine Wohnung, deine Arbeitsstelle, deinen Garten oder deine Persönlichkeit geht, achtsam sein heißt, vollkommen präsent zu sein und im Hier und Jetzt zu leben. Wie oft geschieht es aus Gedankenlosigkeit, dass du Blumen zertrittst, etwas in der Natur wegwirfst, eine Spinne tötest, Türen laut zuschlägst oder Menschen, die dich anlächeln, ignorierst? Diese Aufzählung könntest du sicherlich beliebig erweitern, je nachdem, wie bewusst und achtsam du bereits bist.

Das Ziel der Lichtkörperentwicklung ist es immer, achtsam und aufmerksam zu sein und mit dieser Energie durch das Leben zu gehen. Du bist als Lichtarbeiter ein Vorbild für andere, also beginne, das zu verstehen und dich entsprechend zu verhalten. Nur wenn du dein Verhalten änderst und achtsam bist, veränderst du etwas in deinem Umfeld und damit auf der Erde.

Wenn dir etwas in deinem täglichen Leben keine Freude macht, versuche, es neutral zu sehen, bevor du bereit bist, in all deine täglichen Handlungen und Begegnungen die Energie der Achtsamkeit und der Liebe fließen zu lassen.

Übung für Achtsamkeit und Liebe

Nimm dir eine deiner ganz alltäglichen Verhaltensweise vor, eine, von der du weißt, dass du darin nicht sehr achtsam bist. Lege deine volle Achtsamkeit in diese Handlung und tue dies mindestens drei Wochen lang. Sei konsequent, denn wenn du drei Wochen lang Achtsamkeit in diese eine tägliche Handlung fließen lässt, hast du in dir und in deinem energetischen Feld etwas grundlegend geändert. Dann wirst du diese Handlung in Zukunft immer in der Energiequalität der Achtsamkeit ausführen.

Wenn du die Veränderung hin zur Achtsamkeit bei einer deiner Verhaltensweise herbeiführen kannst, dann kannst du es bei allen.

Diese Übung wird dir immer leichter fallen, und dein Leben wird sich grundlegend ändern. Je achtsamer und liebevoller du mit deinem Leben umgehst, desto achtsamer und liebevoller werden dein Leben, deine Partner und dein gesamtes Umfeld mit dir umgehen.

Die Verantwortung für deine Entwicklung übernehmen

Verantwortung ist ein großes Wort, das in unserer Gesellschaft häufig eine negative Färbung hat. Sehr gerne drücken wir uns vor der Verantwortung für unsere Entwicklung, geben sie an unsere Lehrer oder Meister ab. Aber du bist die einzig verantwortliche Person in deinem Leben. Du führst Regie und erschaffst dein Umfeld nach dem Bild, das du in dir trägst. Alle Begebenheiten in deinem Leben sind Teil deines Lebensspiels.

Du bist für dich und die Entwicklung deines Lichtkörpers verantwortlich.

Niemand kann deine Entwicklungsschritte für dich machen. Alles, was du von außen durch Seminare, Bücher oder Vorbilder bekommst, sind nur Hilfestellungen, Hinweise und Angebote, aber niemand kann deinen Weg für dich gehen.

Verantwortung für dich und deinen Lebensweg zu übernehmen heißt, dass du aus den Schuldzuweisungen herauskommst und damit beginnst, alles, was jemals in deinem Leben war und noch sein wird, in einem neuen Licht und in einer neuen Energie zu betrachten. Alle Mitspieler in deinem Lebensplan helfen dir dabei, in deine Kraft zu kommen, und alle Ereignisse deines Lebens sind dazu gedacht, dass du erwachst.

Gleichgültig, was in der Vergangenheit war, jetzt bist du in der Zeit der Ernte. Du erntest, was du in der Vergangenheit gesät hast. Das, was hinter dir liegt, ist bereits geschehen und somit für dich nicht mehr veränderbar, aber deine Sicht auf die Vergangenheit kannst du ändern. Dieser Moments des Umdenkens, der Neustrukturierung, kann etwas länger dauern.

Jetzt bist du gefordert, dir bewusst zu machen, was du möchtest und wer du bist. Welche Ziele hast du in deinem Leben? Was hält dich davon ab, sie zu verwirklichen? Welche eingefahrenen Energiestrukturen bringen dich immer wieder vom eingeschlagenen Weg ab?

Wenn du etwas erreichen willst, kann dich niemand davon abhalten, außer du selbst.

Verantwortung für dein Leben und deinen Lebensplan zu übernehmen heißt, nicht alles von einer Sekunde auf die andere zu verlassen und dich selbst zu verwirklichen. Das geht in den seltensten Fällen gut. Verantwortung zu übernehmen heißt auch, herauszufinden, was deine Begabungen, deine Talente, deine Fähigkeiten und deine Möglichkeiten sind, ein Ziel zu fokussieren und dann unermüdlich dieses Ziel anzusteuern. Es braucht Zeit und Ausdauer dafür, die Eigenschaften, die bei der Entwicklung deines Lichtkörpers eine wichtige Rolle spielen, und die neuen Energien in deinem System zu verankern.

Deine alten Verhaltensmuster holen dich unweigerlich wieder ein, wenn du sie nicht bereits durch die neuen ersetzt und diese gefestigt hast.

Verantwortung für dein Leben zu übernehmen bedeutet, dir immer über alle Konsequenzen bewusst zu sein und zum Wohle aller zu handeln. Immer wenn du die Verantwortung für dich und dein Leben abgibst, schwächst du dich. Erkenne deine Schöpferkraft, und gehe in die kraftvolle und freudige Energie der aktiven Gestaltung deines Lebens nach deinen eigenen Wünschen und Vorstellungen.

Verantwortung zu übernehmen heißt nicht zuletzt, zu lernen, wirklich glücklich zu leben. Glücklich zu sein ist deine natürlichste Begabung. Finde heraus, was dich wirklich glücklich macht, und übernimm die Verantwortung dafür, dass du alles, was in deiner Macht steht, tust, um in dein Glück zu kommen.

Erstelle Pläne, und übernimm die Verantwortung für ihre Ausführung. Wenn du das Gefühl hast, dass dich die ganze Welt davon abhalten will, deine Ziele zu erreichen, und die schwächende Energie des Aufgebens und der Schuldzuweisung bei dir und anderen einsetzt, halte inne, und fokussiere dich wieder auf deine Ziele. Werde dir deines freien Willens und deiner Kraft immer wieder bewusst.

Der häufigste Grund dafür, warum du nicht in deiner Kraft und auf deinem Weg bleibst, ist die Angst davor, nicht geliebt zu werden. Du willst geliebt werden. Deshalb stellst du sehr oft deine eigenen Wünsche und deine Kraft hinter die deiner Mitmenschen, z.B. deines Lebenspartners, deiner Arbeitskollegen, deiner Familie. Erkenne, dass dies ein altes Muster ist und dass es nichts mit der Realität zu tun hat. Du bist liebenswert und du darfst deine Wege gehen und dein Leben so gestalten, wie für dich richtig ist.

Du wirst geliebt, weil du so bist, wie du bist.

Wenn du deine Verantwortung für dein Leben abgibst, heißt das noch lange nicht, dass du dafür mehr geliebt wirst oder dass du dann glücklich bist. Gehe mit erhobenem Haupt deine Wege, und versuche nicht, die Pfade der anderen zu gehen, nur um ihnen zu gefallen.

Übung

Nimm dir Zeit für dich. Lege dir mehrere Blatt Papier und einen Stift zurecht, und komme in deine Mitte. Vielleicht hörst du gerne eine schöne Musik oder du bevorzugst einen Ort in der Natur. Es ist deine Zeit, also gestalte sie so, wie es für dich gut ist. Beruhige deine Gedanken, indem du tief und regelmäßig atmest.

Schreibe nun deine Ziele, Wünsche und Hoffnungen für die Zukunft auf. Schreibe alles auf, auch wenn du im Moment das Gefühl hast, dass es völlig unmöglich ist. Alles, was du erdenken kannst, liegt auch im Bereich deiner Möglichkeiten. Sobald du die Seiten mit deinen Zielen gefüllt hast, suche dir das heraus, was für dich im Moment am wichtigsten ist. Schreibe es erneut auf ein Blatt Papier, dieses Mal aber ausführlicher, mit allen Schritten, die dich zu diesem Ziel hinführen, und mit einem realistischen Zeitrahmen.

Nimm ein drittes Blatt Papier, und schreibe alle deine Ängste, Ausflüchte, alle Menschen und Situationen auf, die dich deiner Meinung nach daran hindern, dieses Ziel zu verwirklichen. Lasse dir Zeit. Dieser Zettel ist nur für dich gedacht, und niemand wird ihn jemals lesen. Also schreibe aus tiefstem Herzen alle deine Ängste auf, auch die, die vielleicht völlig irreal sind.

Wenn du dies getan hast, nimm diesen Zettel, und sei dir bewusst, dass du durch das Aufschreiben alle diese Ängste aus deinem System entfernt hast. Suche dir nun eine Methode dafür, diese alte Energie zu verwandeln. Wenn du den Zettel verbrennst, wird die Energie durch das Feuer in für dich gute und nützliche Energie umgewandelt. Wenn du den Zettel vergräbst, wird er durch die Kraft der Erde kompostiert und umgewandelt. Wenn du ihn dem Wasser übergibst, wird er weggespült, gereinigt und geklärt. Wenn du ihn dem Wind anvertraust, wird er in die höheren Welten getragen. Sei dir dessen vollkommen bewusst, und nimm es als gegeben an, dass durch dieses Ritual deine alten, blockierenden Muster in für dich nützliche Energie umgewandelt werden.

Zur Lösung von anhaftenden, alten Energiemuster kannst du auch alle deine Ängste und Blockaden in einen visualisierten, goldenen Kelch legen, den du in deinen Händen hältst. Strecke deine Arme mit dem imaginären Kelch weit über deinen Kopf nach oben. Bitte nun die Erzengel, diesen Kelch hinaufzutragen in die höchsten Himmel und den Inhalt dort zu transformieren. Alles, was dich belastet oder einschränkt, möge in die höchsten Tugenden, die du gerne hättest, umgewandelt werden. Biete einen Teil dieser umgewandelten Energien den Erzengeln dar, und bitte sie, diese Energien dorthin auf die Erde zu senden, wo sie benötigt werden. Der Rest möge zu dir zurückfließen. Stelle dir vor, wie die transformierte Energie durch dein Kronenzentrum wieder in dein System hereinfließt und deine Energiezentren auffüllt. Spüre den Mut, die Kraft, die Dankbarkeit, die Liebe, die Harmonie und alle Tugenden, die du dir wünscht, durch dich hindurchströmen, und sei dir bewusst, dass du deinem Ziel bereits um viele Schritte näher gekommen bist.

Diese Transformationsübung kannst du immer und überall machen. Bitte die Engel, Erzengel oder Aufgestiegenen Meister um ihre Unterstützung bei der Umwandlung der Energien. Wenn du diese Energieumwandlung regelmäßig machst, wirst du merken, wie du die Ziele auf deiner Lichtkörperreise schneller, leichter und spielerischer erreichen kannst.

Die Entwicklung der bedingungslosen Liebe

Die Liebe ist die größte Macht im gesamten Universum. Auf deiner Lichtkörperreise ist es unerlässlich, dass du diese Energie entwickelst. Ohne die bedingungslose Liebe ist es nicht möglich, in die volle Kraft zu kommen und die Macht zu leben.

Es fällt dir bestimmt nicht sehr schwer, Menschen, Tiere und Situationen zu lieben, die dein Herz erfreuen. Schwieriger ist es schon, wenn du jemanden durch die Augen der Liebe betrachten sollst, der so gar nicht deinem Ideal eines liebenswerten Menschen entspricht. Wertfrei das Göttliche in jedem Lebewesen zu erkennen und es zu lieben, das ist die hohe Kunst der bedingungslosen Liebe.

Bedingungslos lieben heißt jedoch nicht, zu allem und jedem ja zu sagen und mit allen Handlungen und Begebenheiten im Leben einverstanden zu sein. Wenn du in der Energie der bedingungslosen Liebe lebst, solltest du nicht deinen Verstand ausschalten. Du musst dich auch nicht an alles anpassen. Ein liebevolles »NEIN« ist manchmal stärker verbunden mit der Energie Liebe als ein zähneknir-schendes »JA«.

Es macht einen großen Unterschied, in welcher Energie du durch dein Leben gehst und wie du nein sagst zu Situationen oder Menschen, die deiner Auffassung von einem lichtvollen Leben nicht entsprechen. Ohne Liebe wird es einfach kritiksüchtig und bewertend sein, in der Kraft der Liebe ist es jedoch ein einfaches und wertfreies »Nein«.

Du lebst in einer Welt der Dualität. Je mehr du das Licht in Form aller lichtvollen Energien und Eigenschaften prakti-zierst und in dein tägliches Leben integrierst, desto schär-fer werden auch die Schatten um dich herum werden. So, wie bei der Mittagsonne, wenn das Licht am hellsten ist, sind auch der Schatten am dunkelsten und am besten sichtbar.

Wenn du dir dessen bewusst bist, kannst du allen Spie-len der Schatten mit einem Lächeln begegnen und ihnen einen angemessenen Platz geben. Schatten existieren ge-nauso wie Licht, es ist allein deine Entscheidung, wor-auf du deinen Fokus lenkst, denn diese Energie wird in deinem Leben stärker wirksam sein. In einem Raum, in dem die Liebe existiert, gibt es keinen Platz für Ängste und für Schatten. Je tiefer du in die Magie der Liebe eintauchst, desto gefestigter und stabiler wirst du in deiner Lichtenergie verweilen, gleichgültig welchen Stürmen du auch ausgesetzt bist. Wenn du dich zum Licht und zur Liebe orientierst, bist du stark.

Übung

Wähle einen Menschen oder ein Tier, mit dem du dich gar nicht wohlfühlst und von dem du weit entfernt bist, es zu lieben. Beginne nun, täglich für einige Augenblicke dich selbst mit der Kraft der göttlichen Liebe zu verbinden.

Stelle dir vor, wie hoch über dir ein Kelch mit pastellrosa Licht gefüllt ist. Dieses Licht beginnt, langsam zu dir herunterzufließen, es strömt durch dein Kronenzentrum in dich herein, dann vom Kopf abwärts durch jede einzelne Zelle, sodass du nach kurzer Zeit innerlich vollkommen angereichert bist mit der Energie der Liebe. Diese Energie strömt weiter von oben herein und auch aus dir hinaus.

So, wie bei dem übervollen Kelch, fließt die Liebe aus deinen Händen hinaus und alles, was du berührst, wird erfüllt von dieser Liebe. Auch aus deinen Fußsohlen fließt sie hinein in die Erde, und jeder Schritt, den du gehst, ist angereichert mit der Energie der bedingungslosen Liebe. Stelle es dir so vor, dass du mit jedem Schritt rosa Lichtpunkte hinterlässt. So sind alle deine Wege von der Kraft der Liebe gezeichnet.

Die Energie der Liebe leuchtet aber auch aus deinen Augen, und alles und jeder, der von deinem Blick berührt wird, wird von der Liebe berührt. Dein Atem wird in dir angereichert mit der Energie der Liebe, und so ist jeder Atemzug ein Ausdruck deiner Liebe. Auch über deine Haut wird die Liebe nach außen transportiert und deine Aura erstrahlt weit hinaus in der Lichtenergie der Liebe. Stelle dir vor, dass dieser Strom der bedingungslosen Liebe niemals endet, immer weiter fließt die Energie aus dem Kelch über dir zu dir herunter. Je bewusster du diese Liebe strömen lässt, desto stärker und beständiger wird sie in deinem täglichen Leben präsent werden.

Aus deinem Herzzentrum hast du nun die Möglichkeit, diese Liebe zu den Menschen oder den Tieren, die du nicht so sehr magst, hinfließen zu lassen. Tue dies so lange, wie es für dich gut ist, es nimmt dir nichts weg, denn du wirst ständig aus der Quelle genährt. Stelle dir einen rosa Strom von Herz zu Herz vor. Stelle keine Erwartung oder Forderung an dieses Strömen, biete einfach nur die Energie der bedingungslosen Liebe an. Nach einer gewissen Zeit kannst du die Energie wieder zu dir zurückholen und durch eine leichte Handbewegung vor deinem Herzzentrum beenden, so als würdest du unsichtbare Schnüre durchtrennen.

Beobachte ganz neutral, was sich verändert, wenn du diese Übung etwa drei Wochen lang täglich machst.

Du hast immer und zu jeder Zeit die Möglichkeit, diese Übung mit jedem Lebewesen zu machen. Sage immer dazu: »Die Energie der bedingungslosen Liebe, die ich dir anbiete, ist frei und sie kommt aus der höchsten, lichten Quelle durch mich zu dir. Du kannst so viel davon nehmen, wie gut für dich ist. Möge der Strom der Liebe zum Wohle aller Lebewesen sein, die an dieser Situation beteiligt sind, und auch zu meinem höchsten Wohle.« Denke immer daran, die Verbindung auch wirklich wieder zu trennen.

Freiheit

Sei dir bewusst, dass du immer frei und unabhängig sein kannst. Alle Verbindungen sind auch von dir bis zu einem gewissen Grad gewollt, sonst würdest du dich nicht in diesen Situationen befinden. Erinnere dich an deine Kraft und an dein Recht, überallhin zu gehen. Du hast dich nicht umsonst in einem Land inkarniert, in dem du dich frei bewegen kannst.

Wenn du dich eingesperrt und begrenzt fühlst, verändere deine Gedanken und deine Energie. Suche nach den Möglichkeiten und Situationen, in denen du frei sein kannst, und baue diese vermehrt in deinem Alltag ein.

Übung

Vielleicht benötigt dein Leben in dieser hektischen Zeit einfach nur ein wenig Entschleunigung. Wenn du dich getrieben und eingeengt fühlst, halte für einen Moment inne, und konzentriere dich auf deinen Atem. Fühle, wie der Atem in dich hereinströmt und wieder aus dir hinausfließt. Mit jedem Ausatmen besteht die Möglichkeit, alles, was dich belastet oder einengt, aus dir hinauszuatmen. Stelle dir vor, wie in dir ein Raum der Ruhe entsteht. Nach einigen Atemzügen kannst du die Energie des Friedens in dich einladen und dir vorstellen, wie sich mit jedem Einatmen Frieden in dir ausdehnt. Lenke nun deine Aufmerksamkeit zu deiner Mitte, ungefähr auf die Höhe deines Bauchnabels, und stelle dir vor, wie du an diesem Ort ein goldenes Licht hast. Dieses Licht enthält all deine Talente und Fähigkeiten, den gesamten Schatz, den du in dieses Leben mitgebracht hast. Verbinde dich mit der Fülle in dir, und spüre, wie durch die Erkenntnis, dass du immer in deinem Frieden sein und dich immer mit deiner höchsten Weisheit in dir verbinden kannst, das Gefühl von Freiheit langsam beginnt, durch dich hindurchzuströmen. Wie eine warme Brise fließt die Freiheit durch deine Zellen hindurch und aus dir hinaus in deine Energiefelder.

Durch die Verbindung mit deiner Mitte bist du in deiner Balance. Dadurch bist du frei, das zu tun, was du gerne tun möchtest. Du hast die energetische Abwärtsspirale, in der du dich durch dein Verhalten befunden hat, durch dein Innehalten und dein bewusstes Aussteigen für diese kurzen Augenblicke durchbrochen. Durch deine Bewusstheit setzt du die energetische Aufwärtsspirale in Gang.

Diese Übung dauert nur wenige Minuten, bringt dir aber einen hohen Gewinn, denn du wirst bemerken, wie du nach der Übung deine Tätigkeiten schneller und freudiger verrichten wirst, weil du in der Energie von Frieden bist und in der Erkenntnis, dass es immer in deiner Entscheidung liegt, frei zu sein. Für die Entwicklung deines Lichtkörpers ist es wichtig, dass du lernst, deine Entscheidungskraft anzuerkennen und auch einzusetzen. Stelle dich mit weit ausgebreiteten Armen hin, und sage laut zu dir selbst: »Ich bin frei und mit jedem Atemzug lebe ich diese Freiheit mehr und mehr.«

Deine Lebensräume

Der Einfluss der Räume, in denen du dich aufhältst, ist ebenfalls wichtig für deine Lichtkörperentwicklung. Es macht einen Unterschied, ob du dich in deinem Heim wohlfühlst oder nicht. Achte darauf, dass dein Heim lichterfüllt und energetisch gereinigt ist. Je weiter du auf deiner Reise voranschreitest, desto sensibler wirst du auf Energien reagieren. Dein Heim sollte ein Ort der Regeneration und des Schutzes für dich sein. Unterschätze also nicht den Wert eines guten und energetisch sauberen Platzes. Achte auf Sauberkeit und Ordnung, denn dein Energiefeld nimmt diese Energien auf, und in dir entsteht durch die äußere Ordnung eine innere Ordnung. Setze Dekorationsmaterial und Farben bewusst ein, und nimm die Unterstützung und die Kraft, die in diesen Hilfsmitteln liegt, an.

Werde dir auch bei deinem Heim der Energien von Dankbarkeit, Liebe, Achtsamkeit, Schutz und Freiheit bewusst, und überlasse nichts dem Chaos oder aus Bequemlichkeit der Unordnung.

Verstehe, dass der äußere Raum einen unmittelbaren Einfluss auf deine Energiefelder, auf deinen inneren Raum und somit auch auf deinen Lichtkörperprozess hat.

Ebenso verhält es sich mit den Räumen, in denen du arbeitest. Gestalte sie so, wie sie für dich passend und förderlich sind.

Richte deine Aufmerksamkeit auch auf deine Freundschaften und darauf, mit wem und in welcher Energie du deine freie Zeit verbringst. Es ist sinnvoller, weniger Freunde zu haben, dafür aber solche, die deiner energetischen Schwingung entsprechen. Du merkst es daran, dass du dich nach einem Treffen entweder aufgeladen oder eben müde und zerschlagen fühlst. Handle, und warte nicht, bis sich irgendetwas von selbst regelt. Erinne dich daran, dass du für dich und deine Lebensgestaltung verantwortlich bist.

Warum ich diese einfachen alltäglichen, ja beinahe schon banalen Dinge hier anspreche, hat den einfachen Grund:

Die meisten Menschen haben diese einfache Art der Veränderung vergessen oder weisen ihr eben keinen besonderen Stellenwert bei ihrer Lichtkörperentwicklung zu.

Der Lichtkörperprozess ist ein Gesamtkonzept, das alle Lebensbereiche beinhaltet und es ist außerordentlich wichtig, dass du das verstehst und entsprechend handelst. Du wirst bemerken, wie dein Lichtkörper einen Entwicklungsschub macht, wenn du auch diese alltäglichen Dinge neu ordnest und ihnen die entsprechende Aufmerksamkeit zufließen lässt.

Die hermetische Gesetzmäßigkeit – »wie innen, so außen« oder »wie oben, so unten« – solltest du ernst nehmen und noch heute beginnen, sie umzusetzen.

Die Geh-Meditation

Dies ist eine kleine Übung, die du für alle Eigenschaften, die du in dein Energiefeld integrieren möchtest, einsetzen kannst. Suche dir einen Weg aus, den du möglichst jeden Tag gehen kannst. Nimm dir immer für einen Zeitraum von drei Wochen vor, was du in dir aktivieren möchtest, z.B. die Energie der Dankbarkeit. Beginne nun, deinen Weg in einem angemessenen Tempo zu gehen, an jeder Hand schließen sich deine vier Finger sanft um deinen Daumen. Während du gehst, wiederhole immer nur einen Satz: »Mit jedem Schritt spüre ich, wie die Energie der Dankbarkeit durch mich hindurch und aus mir hinausströmt. Ich bin Dankbarkeit.« Durch das Gehen und das gleichzeitige Wiederholen dieses Satzes erreichst du eine tiefe Schicht deines Unterbewusstseins, und die Umsetzung im Tagesbewusstsein erfolgt dadurch schneller und anhaltend. Diese Geh-Meditation kannst du auch mit der Fülle, der Heilung, der Liebe oder jeder beliebigen positiven Eigenschaft, die du integrieren möchtest oder die du anziehen möchtest, machen. Es ist eine sehr einfache und doch außerordentlich wirkungsvolle Übung. Wenn du lieber läufst, anstatt zu gehen, ist es ebenso möglich, diese Übung mit deinem täglichen Sport zu verbinden.

Energetische Hilfsmittel

Weil du in einem Körper lebst, liebt er auch unterstützende Hilfsmittel, wie z.B. Essenzen, energetische Sprays, Symbole der Heiligen Geometrie, Düfte, Tinkturen, Cremes, Heilsteine, usw.

Im Fachhandel findest du ein großes Angebot an solchen Hilfsmitteln. Entscheide für dich, was du als Unterstützung gerne verwenden möchtest und ob du überhaupt etwas nehmen willst. Verlasse dich immer und ausschließlich auf deine innere Stimme. Du findest auch ein sehr schönes und lichtvolles Sortiment in meinem Internetshop oder im Onlineshop des Schirner Verlags. Die Adressen findest du im Anhang.

Schlussworte

Alle Übungen und Gedanken sind als eine liebevolle und einfache Anregung für deinen Tagesablauf gedacht und stellen auf keinen Fall ein Muss dar. Sie erheben schon gar nicht den Anspruch auf die einzige Wahrheit oder Vollkommenheit. Sie sind eine Sammlung der Handlungen, Gedanken und Übungen, die mir und den vielen Menschen, die bei mir Seminare oder Workshops besucht haben, auf dem Weg der Lichtkörperentwicklung sehr hilfreich waren und sind. Ich freue mich, wenn für dich etwas Passendes dabei ist und ich dir mit diesen Zeilen ein Wegweiser bei deiner Lichtkörperreise sein darf.

Vielleicht vermisst du in diesem Buch spektakuläre Übungen oder kaum zu bewältigende Aufgaben. Eine alte Konditionierung von uns Menschen ist ja, zu glauben, dass nur das, was wir uns hart und unter Entbehrungen erarbeiten, erfolgreich sein wird. Bei deiner Lichtkörperentwicklung könnte dir dieser Glaubenssatz aber eher hinderlich sein.

Der Grund dafür ist, dass die Entwicklung deines Lichtkörpers in deinem täglichen Leben stattfindet. Wenn du das verstehst und bereit bist, deine Energien dafür zu verwenden, dein tägliches Leben lichtvoller zu gestalten, dann bist du auf dem besten und schnellsten Weg zur vollen Entfaltung deines höchsten Lichtpotenzials. Das Geschenk deiner täglich gelebten Lichtkörperentwicklung ist dann, dass dein Leben einfacher, lichtvoller, liebevoller, zufriedener und reicher wird.

Die schwierigen Übungen, nach denen du vielleicht suchst, und die tausend Schritte, von denen du glaubst, dass du sie gehen musst, sind nichts im Vergleich dazu, wenn du deine Bereitschaft für das tägliche Üben deiner allerhöchsten Qualitäten unter Beweis stellt.

Erinnere dich daran, was du schon alles getan oder gelesen und wieder gleich vergessen hast. Warum? Weil du es nicht in dein tägliches Leben integriert hast, sondern ihm eine Sonderstellung für eine spezielle Zeit gegeben hast.

Die schwierigste und herausforderndste Übung überhaupt, die du dir in deiner Lichtkörperentwicklung auferlegen kannst, ist, dein tägliches Leben bewusst und lichtvoll zu leben und all die vorher genannten Eigenschaften immer und überall zu üben, bis sie für dich selbstverständlich werden und du sie vollkommen integriert hast.

Dann ist dein Lichtkörper bereit, sich voll zu entfalten und dir die Einblicke in die Mysterien des Lebens zu offenbaren. Dann wirst du zum Schöpfer und entfaltest deine lichtvolle Macht.

Ich wünsche dir aus tiefstem Herzen den Mut und die Ausdauer sowie das Verständnis dafür, dass deine Lichtkörperentwicklung ein kontinuierliches, freudvolles, täglich gelebtes Abenteuer sein darf.

Heute ist ein guter Tag für einen Neubeginn.

Anhang

Literaturempfehlungen:

HEIDER-RAUTER, Barbara: Engel und der Lichtkörperprozess. Engel, Erzengel und Aufgestiegene Meister im Aura-Soma-System. Darmstadt 2009.

HEIDER-RAUTER, Barbara: Entfalte deinen Lichtkörper. Ein liebevoller Schlüssel für den Entwicklungsweg vom dichten zum lichten Körper. Darmstadt 2010.

RULAND, Jeanne: Die Entfaltung der Blume des Lebens. Praktische Anwendung und neue Zugänge. Darmstadt 2010.

RULAND, Jeanne: Merkaba. Die Aktivierung des Lichtkörpers für die neue Zeit. Darmstadt 2010.

STELZL, Diethard: Die Entwicklung des Lichtkörpers. 1987 – 2012 – 2032. Ein Praxisbuch. Darmstadt 2010.

Webadressen:

www.aurasomashop.at

www.schirner.com